まちごとアジア

Bangladesh 002 Dhaka

ダッカ

あふれ出す「人とリキシャ」

ঢাকা

Asia City Guide Production

【白地図】バングラデシュ

ASIA
バングラ

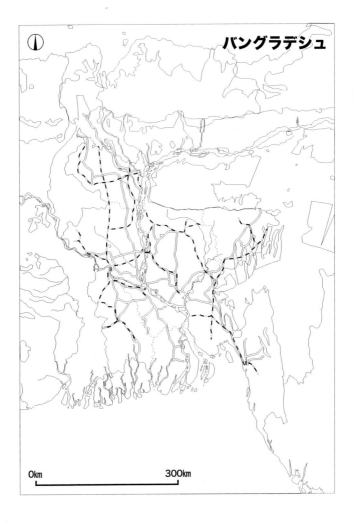

【白地図】ダッカ

ASIA
バングラ

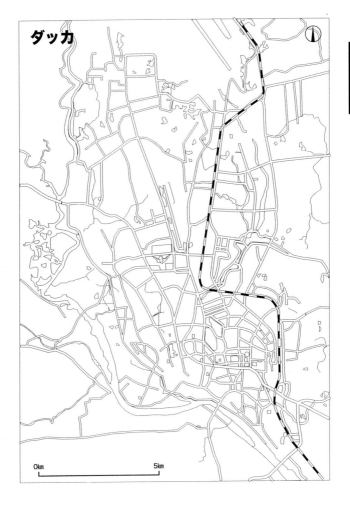

【白地図】オールドダッカ

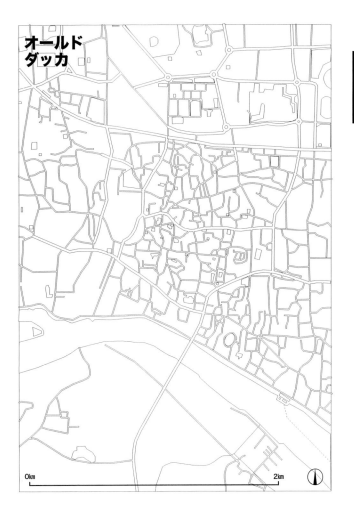

【白地図】オールドダッカ中心部

ASIA
バングラ

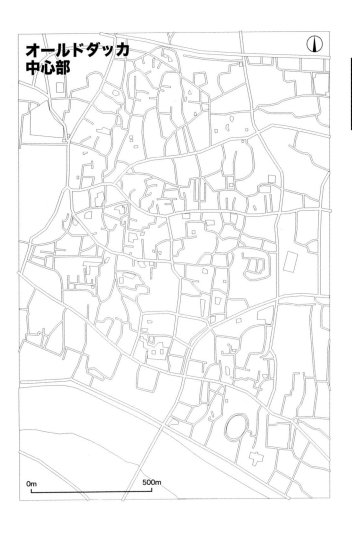

【白地図】ラールバーグフォート

ASIA
バングラ

【白地図】モティジール

ASIA
バングラ

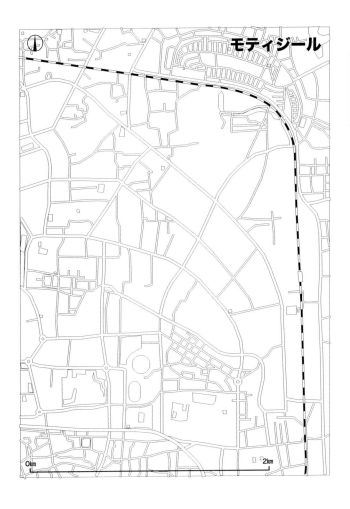

モティジール

Dhaka 白地図

【白地図】ロムナ

ASIA
バングラ

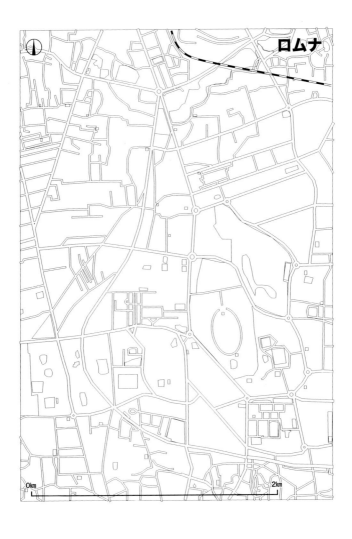

ロムナ

Dhaka 白地図

【白地図】テジガオン

ASIA
バングラ

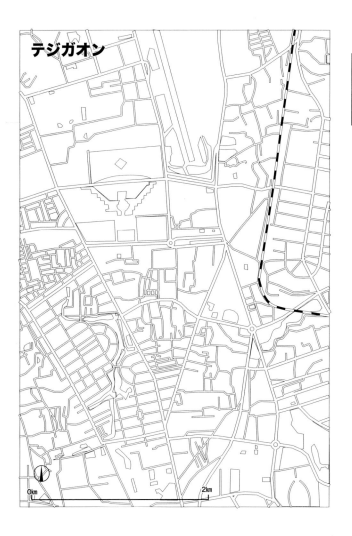

【白地図】国会議事堂

ASIA
バングラ

国会議事堂

Dhaka 白地図

【白地図】ミルプール

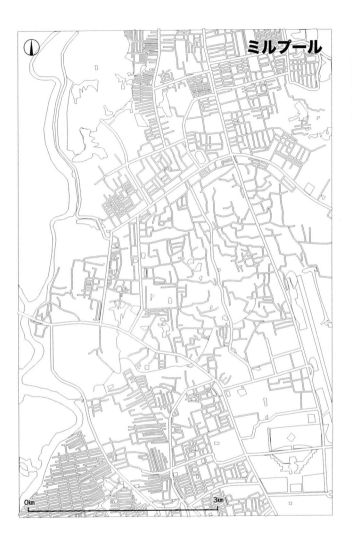

【白地図】グルシャンボナニ

ASIA
バングラ

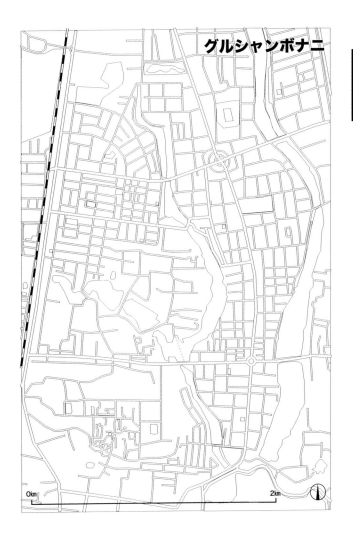

グルシャンボナニ

Dhaka 白地図

【白地図】ボナニ

ASIA
バングラ

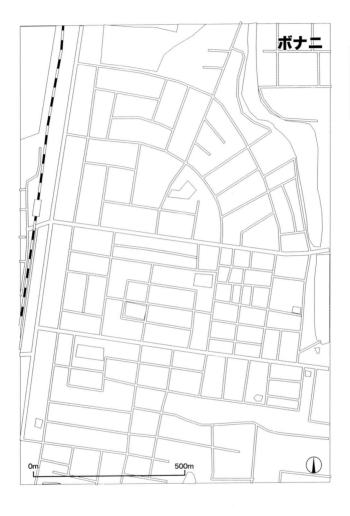

【白地図】グルシャン

【白地図】ダッカ郊外

ASIA
バングラ

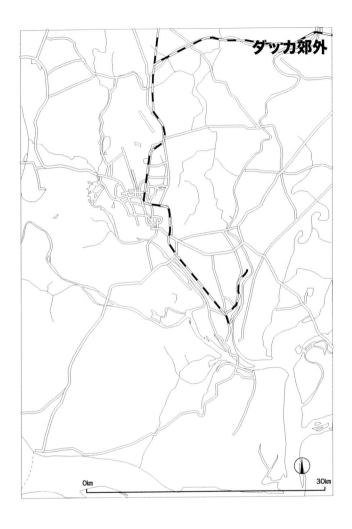

【白地図】ショナルガオン

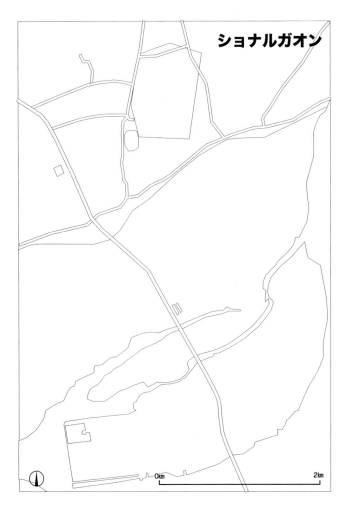

【まちごとアジア】
バングラデシュ 001 はじめてのバングラデシュ
バングラデシュ 002 ダッカ
バングラデシュ 003 バゲルハット（クルナ）
バングラデシュ 004 シュンドルボン
バングラデシュ 005 プティア
バングラデシュ 006 モハスタン（ボグラ）
バングラデシュ 007 パハルプール

ASIA
バングラ

ガンジス河とブラマプトラ河、メグナ河の流れが集まるバングラデシュ中央部に位置する首都ダッカ。ここはこの国の政治、経済、文化の中心地で、人、車、リキシャがたえることなく行き交い、活気に満ちている。

ブリガンガ川にのぞむ台地上に位置するダッカには、比較的古くから人が暮らすようになっていたと考えられる。中世以来、東ベンガルの中心はダッカの 32km 東のショナルガオンにあったが、1608 年、ムガル帝国のベンガル太守イスラム・ハンが首都をここに遷したことでこの街の発展がはじまった。

ঢাকা
Dhaka
ダッカ

　16〜18世紀にかけては「黄金のベンガル」と謳われるこの地方の首都として繁栄をきわめていたが、やがてインドがイギリスの進出を受けるなかでベンガルの中心はムルシダバードやコルカタ（西ベンガル）に遷っていった。1947年の印パ分離独立に際し、ムガル帝国以来の伝統をもつダッカに東パキスタンの首都がおかれ、1971年のバングラデシュ独立後、この国の首都となって現在にいたる。

【まちごとアジア】

バングラデシュ 002 ダッカ

目次

ダッカ	xxxii
超過密都市の肖像	xxxviii
オールドダッカ城市案内	xlv
ラールバーグフォート鑑賞案内	lxi
黄金のベンガルふたたび	lxxi
モティジール城市案内	lxxvii
ロムナ城市案内	lxxxvii
テジガオン城市案内	xcvi
ダッカ北城市案内	cxiii
郊外城市案内	cxxvii
ショナルガオン城市案内	cxxxiv
城市のうつりかわり	cxli

【MEMO】

Dhaka ダッカ

【地図】バングラデシュ

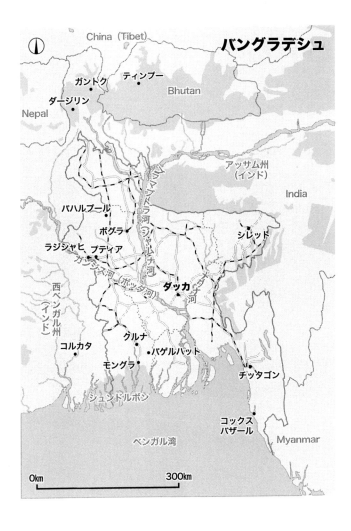

超過密都市の肖像

ASIA
バングラ

かつて黄金のベンガルと謳われたバングラデシュ
首都ダッカは慢性的な交通渋滞が続く稠密都市でもある
急速な勢いで開発が進む大都市の姿

ダッカという地

バングラデシュ中央部に位置する首都ダッカ。ダッカという地名は12世紀からあったダケシュワリ寺院に由来する。堆積平野が国土のほとんどをしめるバングラデシュにあって、マドフプール・ジャングル台地上の地形に立つ。16世紀以来、ガンジス河の本流はコルカタを流れるフーグリ河からポッダ河（現在のガンジス河下流）に流路が変わり、この水系を通じてインド中央部と東ベンガルは結びついた。またメグナ河を通じてベンガル湾にいたる東ベンガルの要衝となってきた。

Dhaka　超過密都市の肖像

ムガル東方支配の要

オールド・ダッカは17世紀のムガル帝国以来の伝統をもつ街で、今でも雑多な雰囲気を残している。ブリガンガ川（ブラマプトラ河の支流）の流れる水利が注目され、1608年にムガル帝国の都がここにおかれることになった。第4代ジャハンギール帝の時代に都がつくられたことから、当時はジャハンギールナガルと呼ばれ、ラールバーグ・フォートやスター・モスク、キャラバン・サライ跡はじめ17〜18世紀のムガル帝国にゆかりのある遺構が見られる（13世紀以後、イスラム勢力が西方から進出し、この地方にもイスラム教が浸透するようになった）。

ASIA
バングラ

人口密集地域

バングラデシュは世界でも最高水準の人口稠密地帯となっていて、首都ダッカの人口も増え続けている。この国が独立したばかりの1971年にはダッカの人口は100万人だったが、現在は1000万人を超え、周辺地域をあわせれば2000万人の人口を抱えるとも言われる。限られた土地を利用するため、超高層ビルが建てられ、路上ではあふれるほどの人が行き交う。慢性的な電力不足が続くなか、ダッカ近郊では綿花、縫製産業の加工工場なども集中している。

▲左　ムガル帝国時代の遺構ラールバーグ・フォート。　▲右　人口は右肩あがりで伸びている

ダッカの構成

ダッカの歴史は、ブリガンガ川北岸のオールド・ダッカからはじまっていて、時代とともに北側に街が拡大してきた。ムガル帝国時代の遺構が残るオールド・ダッカ、その北東に位置するビジネス街モティジール、その西に位置するダッカ大学近隣のエリア、かつてはダッカ北の郊外だったが広がる街に吸収された国会議事堂や旧空港、そこから北東には大使館や高級ホテルがならぶグルシャンやボナニがある。

【地図】ダッカ

【地図】ダッカの [★★☆]
- [ ] オールド・ダッカ Old Dhaka
- [ ] ブリガンガ川 Buriganga River
- [ ] ショドル・ガット Sadar Ghat
- [ ] モティジール Motijheel
- [ ] 国会議事堂 National Assembly
- [ ] グルシャン（ボナニ）Gulshan（Banani）

【地図】ダッカの [★☆☆]
- [ ] サット・マスジッド Saat Gumbet Mosque
- [ ] ミルプール廟 Mausoleum of Mirpur
- [ ] ミルプール動物園 Mirpur Zoo
- [ ] 植物園 Botanical Gardens

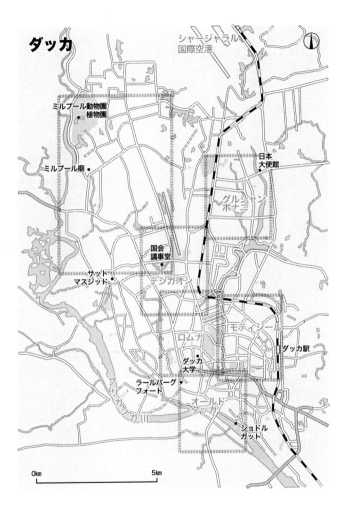

Dhaka 超過密都市の肖像

【MEMO】

ASIA
バングラ

Guide, Old Dhaka
オールドダッカ鑑賞案内

ダッカを北西から南東へ流れていくブリガンガ川
この街の歴史は、川の岸辺からはじまった
今でも雑多な雰囲気を残すオールド・ダッカの街並み

オールド・ダッカ Old Dhaka ［★★☆］

ブリガンガ川に面する北岸がオールド・ダッカと呼ばれる地域で、ムガル帝国時代に街はつくられた。金細工やサリーなどの布地をあつかう店などそれぞれまとまってならび、入り組んだ細い路地には人々の営みが見られる。火災で焼かれるなどオールド・ダッカも変遷を重ねているが、現在でもムガル太守の邸宅跡や17世紀のキャラバンサライ跡が残る。イギリス統治時代にはこの街のわきにダッカの支配拠点がつくられ、以後、ダッカはオールド・ダッカから北へ発展していった。

ASIA
バングラ

リキシャの街

ダッカには40万台とも言われるリキシャが走っていて、慢性的な交通渋滞の要因となっている。日本の人力車が中国からアジアへ伝わったのがリキシャのはじまりで、南アジアでは一般的な乗りものとなっている。リキシャワラ(リキシャのドライバー)の多くが、農村から仕事を求めて出稼ぎにきた人々で、過酷な労働条件のなか日銭を稼いでいるのだという。

▲左　路地を進むリキシャ。　▲右　バングラデシュを流れる水系がダッカへ集まる

ブリガンガ川 Buriganga River ［★★☆］

ブリガンガ川はブラマプトラ河の支流で、ダッカの発展はこの川の水利によるところが大きい。この街から河川を交通網として、クルナや各地に向かう船が出ていて、米やジュート、モスリン、絹製品などが運ばれている。またこの川の河岸には階段状のガートが見られ、沐浴する人々の姿がある。歴史的にチベット高原からバングラデシュへくだるブラマプトラ河はダッカの東から南へと流れていたが、1762年の地震で流路が変わり、ダッカの西を流れてポッダ河（ガンジス河）と合流する現在の流路となった。

【地図】オールドダッカ

【地図】オールドダッカの [★★★]
- [ ] ラールバーグ・フォート Lalbagh Fort

【地図】オールドダッカの [★★☆]
- [ ] オールド・ダッカ Old Dhaka
- [ ] ブリガンガ川 Buriganga River
- [ ] ショドル・ガット Sadar Ghat
- [ ] アーサン・モンジール Ahsan Manzil
- [ ] スター・マスジッド Star Masjid
- [ ] ダケシュワリ寺院 Dhakeswari Mandir
- [ ] モティジール Motijheel

【地図】オールドダッカの [★☆☆]
- [ ] アルメニア教会 Armenian Church
- [ ] チョウク・バザール Chowk Bazar
- [ ] キャラバン・サライ跡（ボロカトラ・チョトカトラ）Caravan Serai
- [ ] バイトゥル・ムカロム・モスク Baitul Mukarram Masjid

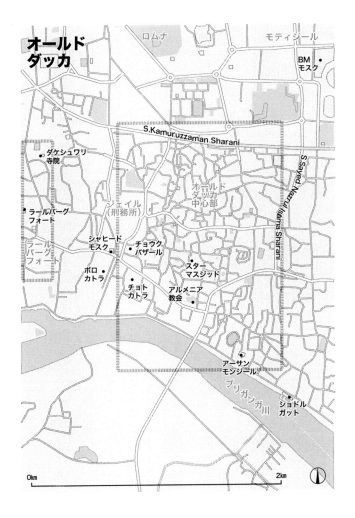

【地図】オールドダッカ中心部の [★★☆]
- ☐ オールド・ダッカ Old Dhaka
- ☐ ブリガンガ川 Buriganga River
- ☐ アーサン・モンジール Ahsan Manzil
- ☐ スター・マスジッド Star Masjid

【地図】オールドダッカ中心部の [★☆☆]
- ☐ アルメニア教会 Armenian Church
- ☐ チョウク・バザール Chowk Bazar
- ☐ キャラバン・サライ跡（ボロカトラ・チョトカトラ） Caravan Serai

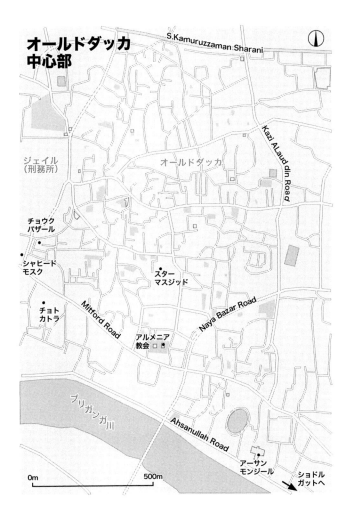

ショドル・ガット Sadar Ghat ［★★☆］

ブリガンガ川に面した船着場ショドル・ガット。河川交通の発達したこの国にあって、ダッカへの玄関口の役割を果たしている。クルナやボリシャルとの客船が往来しているほか、バングラデシュ人の嗜好品キンマの葉やココナッツなどの果実などを運ぶ船も行き交う。また小型船や遊覧船なども見られる。

アーサン・モンジール Ahsan Manzil ［★★☆］

ショドル・ガット近くに立つピンク色の邸宅アーサン・モンジール。1869年に建てられた歴史をもつ。ダッカの徴税を行なう地方領主ナワーブ・アブドル・ガニの邸宅だったところで、その外観からピンク・パレスの名で親しまれている。中央に大きなドームが載り、左右対称のファザードをもつ様式は、コルカタのヴィクトリア記念堂（イギリスが建てた）を思わせる。この邸宅は30以上の部屋をもち、現在はバングラデシュの歴史や自然、文化などを展示する博物館になっている。

アルメニア教会 Armenian Church ［★☆☆］

イスラム教徒が多数をしめるダッカのなかで、めずらしいアルメニア教会。中世以来、商才あるアルメニア人は世界各地に進出し、各地の物産を取引する交易にあたっていた。ダッカでは18世紀初期にこのあたりにアルメニア人街が形成され、1781年、その中心にこの教会が建てられた（ほかには17世紀のサファヴィー朝治下のイランのイスファハンのアルメニア人街が知られる）。アルメニア教会の時計塔は、決まった時間にダッカの人々にときを知らせていた。

▲左　スター・マスジッド、5つのドームを載せる。　▲右　はかり売りをする、オールド・ダッカにて

スター・マスジッド Star Masjid ［★★☆］

ムガル帝国治下の18世紀からの伝統をもつスター・マスジッド。「モスクの街」と呼ばれるダッカのなかでも一際特徴あるモスクとして知られ、何度も改修を重ねて今にいたる。モスク入口付近には五角形の星型の噴水があり、白色の本体の屋根には大小5つのドームがならぶように載る。本来モスク建築に付設されているミナレットはついておらず、内部の回廊には幾何学文様や樹木の装飾タイルが見られる（偶像崇拝を認めないイスラム教では、このような装飾芸術が発展した。また日本の富士山の画も見られる）。

チョウク・バザール Chowk Bazar［★☆☆］

ムガル帝国統治時代以来、400年の伝統をもつチョウク・バザール。鶏肉や香辛料を売る屋台がずらりとならび、物資を運ぶ人、買いもの客など多くの人でごった返している。ムガル太守が起居したラールバーグ・フォートから東に伸びる目抜き通り沿いに位置する。

キャラバン・サライ跡 Caravan Serai［★☆☆］

オールド・ダッカに残るいくつかのキャラバン・サライ跡（ボロ・カトラ、チョト・カトラ）。中世、インド、イラン、中

オールドダッカ城市案内 | Dhaka

央アジア、果てはヨーロッパにつながる交易の道があり、キャラバン・サライは遠隔地交易の拠点となっていた。周囲を外壁で囲むプランをしていて、1階に馬やラクダの厩舎をおき、穀物や物資を保存する倉庫、商人が寝泊まりをする宿泊施設がひとつになっていた。これらのキャラバン・サライは17世紀にさかのぼるもので、当時は南アジアにムガル帝国、イランにサファヴィー朝、トルコにオスマン・トルコといった巨大なイスラム国家がならぶ時代だった。

ASIA
バングラ

▲左　荷物を運ぶ人。　▲右　ダッカの地名の由来になったヒンドゥー寺院

ダケシュワリ寺院 Dhakeswari Mandir ［★★☆］

古くからベンガル地方で信仰されている大地母神の流れをつぐドゥルガー女神がまつられたダケシュワリ寺院。12世紀のセーナ朝時代に建てられたと言われ、ダッカにあるヒンドゥー寺院のなかでもっとも古い歴史をもつ（インドのカルナータカ地方を出自とするセーナ朝は、ベンガル地方を拠点にしてヒンドゥー教を浸透させた）。ダッカという地名は、このダケシュワリ寺院に由来するとされ、由緒正しい寺院となっている。

【MEMO】

【MEMO】

ASIA
バングラ

Guide, Lalbagh Fort
ラールバーグフォート鑑賞案内

デリーやアーグラにおかれたムガル帝国の都
ラールバーグ・フォートは
皇帝から任命された太守の宮殿だった

ラールバーグ・フォート Lalbagh Fort ［★★★］

オールド・ダッカの西側、街を見下ろすように立つラールバーグ・フォート。ここはムガル帝国時代の城塞跡で、モスクや王族の霊廟、太守の邸宅、浴場、博物館などからなる複合施設となっている。もともとこの城は1678年にムガル帝国第6代アウラングゼーブ帝の三男ムハンマド・アザム王子によって建設がはじまったが完成せず、その後、ベンガル地方の徴税を行なう太守の邸宅となった。ダッカ統治のために建てられたラールバーグ・フォートのほかにも、より大きいデリーのラール・キラやアーグラのアーグラ城などがムガル

【地図】ラールバーグフォートの [★★★]
- [ ] ラールバーグ・フォート Lalbagh Fort

【地図】ラールバーグフォートの [★★☆]
- [ ] ダケシュワリ寺院 Dhakeswari Mandir

【地図】ラールバーグフォートの [★☆☆]
- [ ] 太守の邸宅 Palace
- [ ] チャハールバーグ庭園 Chahar Bagh
- [ ] パリ・ビビ廟 Pari Bibi
- [ ] ハン・モハンマド・ミドラス・モスク Khan Mohammad Mirdha's Mosque

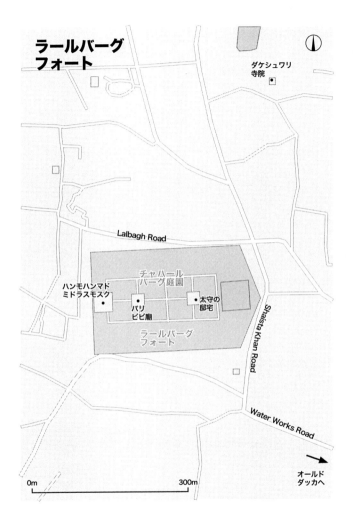

王族の暮らしていた王城として知られる。

太守の邸宅 Palace ［★☆☆］
ムハンマド・アザム王子の死後、ラールバーグ・フォートの主となったのが太守シャイスタ・ハンで、当時の謁見の間と浴場をくみあわせた邸宅が残っている。ムガル帝国では中央（アーグラやデリー）から徴税をになう太守が地方へ派遣され、シャイスタ・ハンなどの太守はムガルの臣下として地方の統治を行なっていた。現在は博物館になっていて、ムガル帝国時代の武具や調度品のほか、細密画やカリグラフィー

▲左　ムガル太守の邸宅。　▲右　線対称の美を見せるムガル庭園

（書）などが展示されている。

太守とは

ムガル帝国の都デリーから派遣されてきたベンガル太守シャイスタ・ハン。東西ベンガルとオリッサが太守の管轄で、以前からこの地に勢力をもっていたヒンドゥー系やアフガン系の地方領主が徴税を行ない、それを皇帝のいるデリーへ上納する役割があった。1704年、ベンガルの首都はダッカからムルシダバードに遷され、やがてベンガル太守は中央に対して独立的な動きを見せるようになっていた。

ASIA
バングラ

チャハールバーグ庭園 Chahar Bagh ［★☆☆］

ラールバーグ・フォートで見られる庭園は、チャハールバーグ（四分割）様式と呼ばれるもので、ムガル帝国によって南アジアにもちこまれた。もともとペルシャで生まれ、イスラム教の天国や楽園が四分割の庭園と水路で表現されている。南アジアではタージ・マハルなどでも見られ、広くこの様式の庭園が造営された。

パリ・ビビ廟 Pari Bibi ［★☆☆］

ムガル帝国期、ダッカを統治した太守シャイスタ・ハンの娘

▲左　ハン・モハンマド・ミドラス・モスク。　▲右　ベンガル地方独特のアンブレラ屋根

パリ・ビビの霊廟。ラールバーグ・フォート建設中の1684年に生命を落とし、ここに葬られた。ビハールやラジャスタンなどインドから運ばれてきた黒玄武岩、砂岩、白大理石が使われている。

ハン・モハンマド・ミドラス・モスク
Khan Mohammad Mirdha's Mosque [★☆☆]

ラールバーグ・フォートの西側に位置するハン・モハンマド・ミドラス・モスク。3つのドームを載せている。ここでムガル太守とその一族が礼拝を行なっていた。

ASIA
バングラ

セポイの乱で

イギリスの植民支配に対して、1857年にセポイ（イギリスに仕えていたインド人傭兵）を中心とする大反乱が起こり、英領インドを構成していたここダッカでも反乱に追従するセポイが現れた。260人のセポイがラールバーグ・フォートに立てこもり、抵抗を試みたが、やがてイギリスとその同盟軍に鎮圧された。セポイはラールバーグ・フォートから逃れたが、いずれも捕まり、重罪に処されている。

【MEMO】

黄金の
ベンガル
ふたたび

タゴールによって「黄金のベンガル(ショナル・バングラ)」
と謳われたこの国の風土
ダッカは黄金の輝きを放つ都だった

ダッカ・モスリン

ムガル帝国が統治した17世紀、いくつもの河川がつくる肥沃な大地の恵みから、ベンガル地方は「インドの穀倉地帯」と呼ばれ、豊富な物産を産していた。とくに細い糸を紡いだ手織りの生地ダッカ・モスリンは、その繊細さや品質から世界中の富裕者から羨望の的だった。ダッカ北方のカパシア(カッパースは「綿」を意味する)産綿花は、インドでも最高級の品質をもち、ダッカの太守がイギリスの王子に献上することもあった。18世紀以降、東ベンガルがイギリスの植民下に入ると、モスリンや綿花はイギリスの東方交易のなか

ASIA
バングラ

で重要な位置をしめるようになった。なお産業革命後、安価なイギリスの工業製品が入ってきたため、ダッカの綿産業は壊滅的な打撃を受け、19世紀末にはダッカの人口は激減したと伝えられる。

ジュート

「黄金の糸」とも呼ばれ、バングラデシュの特産品として知られてきたジュート（黄麻）。高温多湿で多雨な環境からこの国はジュートの発育に適し、20世紀のあるときには世界生産量の3分の2以上をバングラデシュがしめていた。加工

▲左　ジュートはバングラデシュの名産品。　▲右　穀物などを入れる袋が売られている

されて穀物を入れる袋地などに使われていたが、やがてレーヨン、ナイロン、ポリエチレン、ケナフなどの人工素材にとって代わられるようになった。ジュートの作づけと収穫は稲と同じ時期（春に植えて、秋に収穫）に行なわれていたため、稲とジュートがともに育っていく様子は、かつてのバングラデシュを彩る知られた光景だった。

マンパワー

北海道の2倍ほどの国土に2億人にせまろうかという勢いで増加しているバングラデシュの人口。25歳以下の労働人口

ASIA
バングラ

の割合が多く、きれいな人口ピラミッドをしているところが、この国の最大の魅力だと言われる。一般的にベンガル人は真面目な性格をしていて、細かく丁寧な作業を得意とする。くわえて労働賃金が安価なところから、中国に代わって繊維産業などで注目を集めており、現在は縫製品がこの国の基幹産業となっている。

【MEMO】

Dhaka　黄金のベンガルふたたび

Guide, Motijheel
モティジール城市案内

ダッカ駅の西側に広がるモティジール
高層ビルがならびビジネスマンが颯爽とゆく
バングラデシュの首都機能が集中する

モティジール Motijheel ［★★☆］

オールド・ダッカの北東部、カマラプル中央駅から西側に続くモティジール。銀行や金融会社がならぶダッカ経済の中心地となっているほか、郵便局、国立競技場も位置する。各国企業の進出も見られる。

バイトゥル・ムカロム・モスク
Baitul Mukarram Masjid ［★☆☆］

モティジールの中心に立つバイトゥル・ムカロム・モスク。1947年の印パ分離独立後に創建された比較的新しいモスク

【地図】モティジールの [★★☆]

- [ ] モティジール Motijheel
- [ ] オールド・ダッカ Old Dhaka

【地図】モティジールの [★☆☆]

- [ ] バイトゥル・ムカロム・モスク Baitul Mukarram Masjid
- [ ] スタジアム・マーケット Stadium Market
- [ ] ドルモラジカ仏教寺院 Dharmarajika Buddhist Temple
- [ ] カーゾン・ホール Curzon Hall
- [ ] 高等裁判所 High Court
- [ ] 独立戦争博物館 Mukti Juddha Museum

モティジール

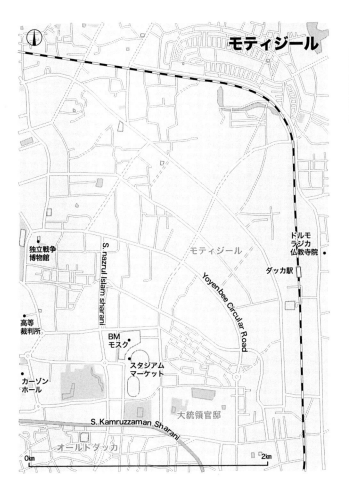

モティジール城市案内

で、白大理石製直方体の建物はメッカのカーバ神殿が意識されているのだという。ダッカ最大の規模をもつモスクとなっていて、BM モスクの通称で呼ばれる。

スタジアム・マーケット Stadium Market [★☆☆]
サッカーやクリケットが行なわれるバングラデシュの国立競技場（ボンゴボンドゥ・スタジアム）に付属したマーケット。スタジアムをとり囲むように露店が出ているところからこの名前で呼ばれている。

【MEMO】

ドルモラジカ仏教寺院
Dharmarajika Buddhist Temple [★☆☆]

ドルモラジカ仏教寺院はカマラプル中央駅の東側に立つこぢんまりとした仏教寺院。バングラデシュでは少数派の仏教徒たちが訪れ、安置された黄金色の仏像、沐浴場も見られる。

カーゾン・ホール Curzon Hall [★☆☆]

19世紀末から20世紀初頭のインド総督カーゾンの名前を冠したカーゾン・ホール。強い権力を行使したカーゾンの命で1905年に建てられたもので、同年、カーゾンは東ベンガル

▲左 痛みをともないながら独立した、郊外の独立記念慰霊塔。 ▲右 高層ビル、ビジネスマンの姿も見える

と西ベンガルを分割統治するベンガル分割令を出したことでも知られる（ベンガル人の反英感情をそらすといった目的があったという）。アーグラやラジャスタンでも見られる建築様式をしていて、現在はダッカ大学の一部となっている。

高等裁判所 High Court ［★☆☆］

カーゾン・ホールの北側に位置する高等裁判所。バングラデシュで最高の司法機関となっている。近くにはイスラム聖者廟が見られ、巡礼者の姿がある。

ASIA
バングラ

独立戦争博物館 Mukti Juddha Museum ［★☆☆］

1947年、英両インドから分離独立した東西パキスタン。インドをまたぐ飛び地国家が生まれたが、東パキスタンは西パキスタンの従属的地位となっていて、ベンガル人の不満は募っていた（公務員や軍人の多数が西パキスタン出身者で、ベンガル語は公用語と認められなかった）。そうしたところから起こった東ベンガル独立の動きに対して、パキスタン軍は弾圧で応え、多くの生命が失われるなか、1971年にバングラデシュは独立を果たすことになった。この独立戦争博物館にはイギリス統治時代からバングラデシュ独立にいたるま

での道のりが展示されている。

Dhaka

モティジール城市案内

【MEMO】

ASIA
バングラ

Guide, Ramna
ロムナ城市案内

オールド・ダッカ北に広がる緑豊かな土地
ここにはダッカ大学や国立博物館など
バングラデシュの知を牽引する機関ならぶ

ロムナ公園 Ramna Park ［★☆☆］

モティジールの西側に広がる緑地帯ロムナ公園。このあたりにはダッカ大学や高等裁判所、シャヒード・ミナール、高級ホテルなどがあり、喧騒のダッカにあって比較的落ち着いた空間となっている。

国立博物館 Natinal Museum ［★★☆］

ロムナ公園の北隅に立つバングラデシュ国立博物館。イギリス植民地時代の1913年からの伝統をもち、1983年に現在の姿となった。バングラデシュの歴史や文化、宗教はじめ、人々

【地図】ロムナの [★★☆]

- [ ] 国立博物館 Natinal Museum
- [ ] セントラル・ショヒード・ミナール Central Shahid Minar
- [ ] オールド・ダッカ Old Dhaka
- [ ] ダケシュワリ寺院 Dhakeswari Mandir

【地図】ロムナの [★☆☆]

- [ ] ロムナ公園 Ramna Park
- [ ] ダッカ大学 University of Dhaka
- [ ] ニュー・マーケット New Market
- [ ] ショナルガオン・ホテル Sonalgaon Hotel
- [ ] ボシュンドラ・シティ Bashundhara City
- [ ] カーゾン・ホール Curzon Hall
- [ ] 高等裁判所 High Court
- [ ] 独立戦争博物館 Mukti Juddha Museum

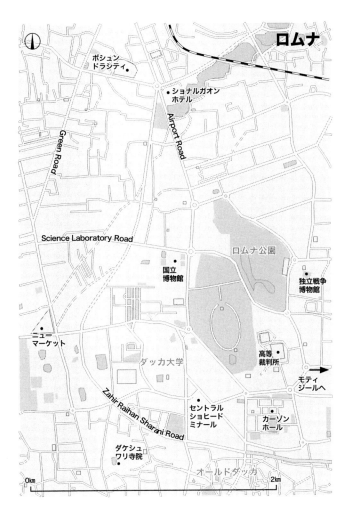

ASIA
バングラ

の生活習慣や日常でもちいる道具など展示内容は幅広い。1971年にバングラデシュは国家として独立したが、それ以前には仏教やヒンドゥー教を保護する王朝が栄えていたことから、仏像やヒンドゥー教の石像なども見られる。

セントラル・ショヒード・ミナール
Central Shahid Minar [★★☆]

バングラデシュ独立にいたるまでの運動の途中でなくなった4人の学生に捧げられたセントラル・ショヒード・ミナール。1952年に行なわれた「ベンガル語の公用語化要求」のデモ

▲左　クリケットを楽しむ若者たち。　▲右　豊かな緑で彩られたベンガル地方

最中に学生たちが生命を落とした場所に立つ。先端部分が傾斜している中央が「ベンガルの国土」を、左右の2つが「生命を落とした4人の学生」を意味する。母なるベンガルの大地が、学生たちを包みこむといったテーマがあるという。1971年のバングラデシュ独立以前には、西パキスタンによる支配への反抗の象徴となっていたため、西パキスタン指導者は「イスラムの教えに反する偶像」という口実でこのミナールを破壊した。その結果、東ベンガルでは各地の中学、高校、大学などにこのシャヒード・ミナールが建てられるようになり、このミナールはその根源のものとなっている。

ASIA
バングラ

ベンガル語国語化要求運動

1947年に英領インドから分離独立した東西パキスタンは、「イスラム教」という共通点以外には文化も言語も慣習も異なる飛び地国家となっていた。1948年にダッカを訪れたパキスタン初代総督ジンナーは、「(インドのイスラム教徒のあいだで中世から徐々に形成され、西パキスタンで多くの話者をもつ) ウルドゥー語だけがパキスタンの国語で、言葉がひとつでなければどんな国民も結ばれない」といった演説をした。この演説に対して、東パキスタンの知識人や学生がベンガル語公用語を要求する運動をはじめ、やがて自治要求、バ

ングラデシュの独立へとつながっていった。

ダッカ大学 University of Dhaka [★☆☆]
ダッカ大学はバングラデシュの最高学府で、緑地が広がるロムナにキャンパスをもつ。英領インド時代、インド総督ハーディングがダッカ大学の設立を決定し、1921年に設立された歴史をもつ（20世紀初頭、ここはダッカ市街からすると郊外だった）。当時、ベンガル人の知識層はヒンドゥー教徒が多く、西ベンガルに富が集まっていたため、東ベンガルの教育水準をあげるのにダッカ大学は大きく貢献してきた。ま

ASIA
バングラ

たバングラデシュ独立やこの国の貧困問題を解決するうえでダッカ大学の出身者が活躍している。

ニュー・マーケット New Market ［★☆☆］
ダッカ大学の西に位置するダッカでも有名なマーケット。女性が着るサリーなどの衣料品、日常雑貨、食料品などがならび、ベンガル人の生活ぶりに触れることができる。

Guide, Tejgaon
テジガオン
城市案内

ASIA
バングラ

20世紀建築の最高峰にあげられる国会議事堂
国際見本市が開かれる国際会議場(BICC)
バングラデシュでは国際的な地位を高めつつある

ショナルガオン・ホテル Sonalgaon Hotel ［★☆☆］

バングラデシュ最高級のショナルガオン・ホテル。バングラデシュ独立後に円借款で建てられ、「黄金の都」を意味するダッカ東方の古都から名前がとられている。要人が宿泊するほか、国際会議などの舞台にもなっている。

カルワン・バザール Karwan Bazar ［★☆☆］

テジガオン駅の南側に、線路沿いに広がるカルワン・バザール。ダッカ最大規模の卸売市場で、山積みにされた野菜、穀物、果物が見られるほか、かごやジュート製のふくろに詰め

込まれた品物が売買されている。

ボシュンドラ・シティ Bashundhara City [★☆☆]
ボシュンドラ・シティは、テジガオンに立つ巨大ショッピングモール。南アジア最大規模の地上19階建て、吹き抜けの施設内には2300の店舗がならび、ショップ、レストランのほか、映画館も入居する。21世紀以降、バングラデシュでは消費意欲旺盛な中流層が台頭するようになった。

【地図】テジガオン

【地図】テジガオンの [★★☆]
- ☐ 国会議事堂 National Assembly
- ☐ ボンゴボンドゥ記念博物館 Bangabandhu Memorial Museum

【地図】テジガオンの [★☆☆]
- ☐ ショナルガオン・ホテル Sonalgaon Hotel
- ☐ カルワン・バザール Karwan Bazar
- ☐ ボシュンドラ・シティ Bashundhara City
- ☐ ホーリー・ロザリー教会 Holy Rosary Church
- ☐ ジア・ウッダン Zia Uddan
- ☐ バングラデシュ国際会議場 (BICC) Bangabandhu International Conference Center
- ☐ アユブ国立病院 Ayub National Hospital
- ☐ ニュー・マーケット New Market

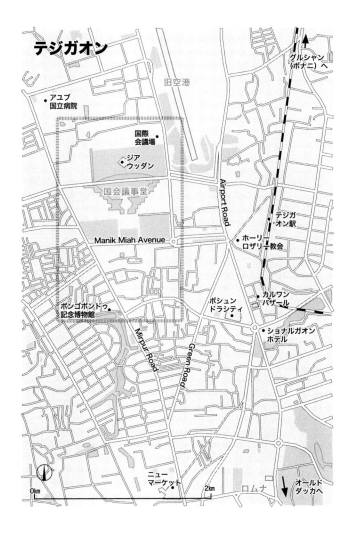

【地図】国会議事堂

【地図】国会議事堂の [★★☆]
- [ ] 国会議事堂 National Assembly
- [ ] ボンゴボンドゥ記念博物館 Bangabandhu Memorial Museum

【地図】国会議事堂の [★☆☆]
- [ ] ジア・ウッダン Zia Uddan
- [ ] バングラデシュ国際会議場 (BICC) Bangabandhu International Conference Center

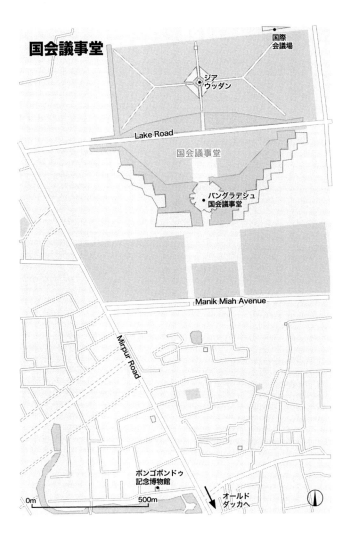

ASIA
バングラ

ホーリー・ロザリー教会 Holy Rosary Church [★☆☆]

ホーリー・ロザリー教会は、17世紀に創建されたローマ・カトリック教会。ポルトガル人宣教師によって建てられた教会を前身とし、ダッカでもっとも古い教会にあげられる。

国会議事堂 National Assembly [★★☆]

水に浮かぶように立つバングラデシュの国会議事堂。東パキスタン時代の1962年、この地に新たな国会議事堂の造営が決まり、1964年から20年の月日をかけて完成した。アメリカ人建築家ルイス・カーン設計による20世紀を代表する建

▲左　湖面に幾何学模様が映る。　▲右　バングラデシュ国会議事堂は20世紀最高峰の建築

築として知られ、コンクリートの壁面をもつ議事堂、レンガ仕上げの議員宿舎などからなる。かんたんな技術、限られた予算といった条件のなか、三角形や円形といったかたちをもちい、この地方の風土に適したプランが完成した（ベンガルの風土にあったレンガが使われ、職人の養成も兼ねて建設は進んだ）。ルイス・カーンは国会議事堂の完成を見ないまま1974年に生涯を終え、北の郊外にあったこの地は現在、拡大したダッカの街にとりかこまれている。

ASIA
バングラ

国会の建設へ

1947年に東西の飛び地国家として独立した旧パキスタンでは、指導的な立場をとる西パキスタンに対してベンガル人は強い不満を抱いていた。そういった感情をやわらげる意味もあって、1959年、東パキスタン（バングラデシュ）に国会を開くことが決まった。東ベンガルの国会議事堂がルイス・カーンに設計されたように、ベンガル地方と同じく印パにわかれたインド側パンジャーブ州の州都には建築家ル・コルビュジエによる都市チャンディガールがつくられた（ベンガル最大の街コルカタがインドに編入されたように、パン

Dhaka テジガオン城市案内

ジャーブ最大の街ラホールはパキスタンに編入されていた)。両者は20世紀を代表する建築家の仕事としてくらべて語られることが多い。

ユダヤ系建築家による設計

建築家ルイス・カーンはユダヤ系アメリカ人で、西アジアではパレスチナ問題でユダヤ人とイスラム教徒は対立していた。「ユダヤ系の建築家に国会の設計をまかせてよいのか」という話題はパキスタン国会でも話されることになった。このとき、あるアイルランドの試験で「歴史上もっとも信仰深

ASIA
バングラ

い人物は誰か？」という質問に対して、「聖パトリック（アイルランドにキリスト教を伝えた）」と答えたユダヤ人の子どもの話が紹介された。「（ユダヤ人にとってもっとも偉大なのはモーゼだということ）それは知っているが、ビジネスはビジネス」と言った子どもの逸話が続き、「カーンこそが最適の人物である」とときの首相は主張したという。

▲左　働く人々、今後の経済発展が注目される。　▲右　ダッカ市内を走るバス

ジア・ウッダン Zia Uddan ［★☆☆］

国会議事堂の北側に位置するジア・ウッダンは、「建国の父」ムジブル・ラーマン暗殺後にバングラデシュの指導者となったジアウル・ラーマンの墓廟。戒厳令のさなか、陸軍参謀長だったジアウル・ラーマンは1978年、大統領、陸軍参謀長、戒厳令司令官をかね、イスラム色の強い政治方針、農村の整備を進めたが、1981年、チッタゴンで暗殺された。のちに夫人のカレダ・ジアがバングラデシュ首相に就任している。

ASIA
バングラ

バングラデシュ国際会議場（BICC）
Bangabandhu International Conference Center [★☆☆]

世界中からの要人が集まる国際会議、商業見本市、コンサートなどのイベントなどで幅広く使用されるバングラデシュ国際会議場。西側に隣接するトレードフェア・グランドではダッカ国際見本市が開かれる。

Dhaka | テジガオン城市案内

ダッカ事件と旧空港

国会議事堂の北東に位置するナショナルパレード・スクエアは、ダッカ事件の舞台となった旧空港を前身とする。1977年9月28日、日本赤軍にハイジャックされたムンバイ発東京行きの日航機は、犯人の指示でダッカ旧空港に着陸した。身代金と獄中にいる政治犯など9名の釈放を要求する犯人に対し、当時の首相福田赳夫が「一人の生命は地球より重い」として超法規措置をとり、犯人の要求に応えることになった。現在の空港はダッカ北郊外に位置する。

ASIA
バングラ

ボンゴボンドゥ記念博物館
Bangabandhu Memorial Museum [★★☆]

「ボンゴボンドゥ（ベンガルの友）」とはバングラデシュの独立を牽引したムジブル・ラーマンのことで、その邸宅跡が博物館になっている。1971年、ムジブル・ラーマンの指導のもと、バングラデシュは独立を果たし、ダッカ中でバングラデシュの国旗がかかげられ、ラーマンを支持する声があがった（独立にはインドの軍事援助などもあった）。銀行や土地を国有化するなどの国づくりを進めようとしたが、ラーマンは1975年、軍部の一派に暗殺された。ここはその場所でもある。

アユブ国立病院 Ayub National Hospital ［★☆☆］

バングラデシュ国会議事堂と同じくルイス・カーン設計によるアユブ国立病院。石材のとぼしいベンガルの伝統素材レンガを使い、幾何学図形が反復されることで印象的な空間となっている。1969年に建てられ、バングラデシュ独立戦争で負傷した多くの人々がこの病院に運びこまれた。

Guide, North Dhaka
ダッカ北城市案内

大使館や高級ホテルがならぶグルシャン
豊かな自然を感じられる動物園や植物園
市街地化が進むダッカ北部

サット・マスジッド Saat Gumbet Mosque ［★☆☆］

ダッカ北西郊外に位置するサット・マスジッドは、1680年の創建にさかのぼる由緒正しいイスラム礼拝堂。石の基壇のうえに白亜の本体が載り、上部は小さなドーム屋根を連続させる（四隅のミナレットが本体と合体している）。

ミルプール廟 Mausoleum of Mirpur ［★☆☆］

ダッカ西部の川沿いにたたずむミルプール廟。聖者ミルプールは15世紀、イスラム世界の先進地であったバグダッドから訪れ、この地でイスラム教の布教をしたと伝えられる。ベ

【地図】ミルプール

【地図】ミルプールの [★★☆]
- [ ] 国会議事堂 National Assembly
- [ ] ブリガンガ川 Buriganga River

【地図】ミルプールの [★☆☆]
- [ ] サット・マスジッド Saat Gumbet Mosque
- [ ] ミルプール廟 Mausoleum of Mirpur
- [ ] ミルプール動物園 Mirpur Zoo
- [ ] 植物園 Botanical Gardens
- [ ] ジア・ウッダン Zia Uddan
- [ ] バングラデシュ国際会議場 (BICC) Bangabandhu International Conference Center
- [ ] アユブ国立病院 Ayub National Hospital

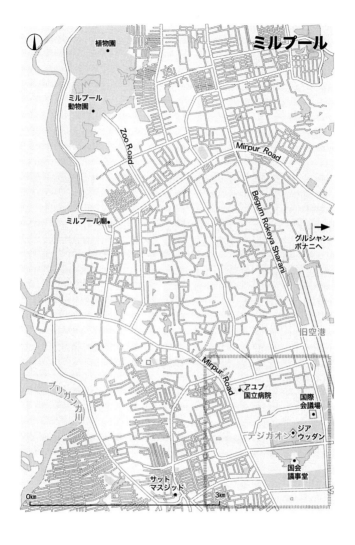

ンガル地方のイスラム化にはこうしたイスラム聖者による布教が功をあげたとされている。

ミルプール動物園 Mirpur Zoo ［★☆☆］
ミルプール廟の北側に位置するダッカの動物園。希少動物として知られるベンガル・トラはじめ、インド・ゾウやカバ、鳥類などバングラデシュ中から動物が集められている。バングラデシュ独立以前からの歴史をもつ。

▲左　ゆったりとした空間が広がるグルシャン（ボナニ）。　▲右　バングラデシュで使われているベンガル文字

植物園 Botanical Gardens ［★☆☆］

ミルプール動物園のすぐ北側に位置する植物園。ダッカの喧騒から離れた場所にあり、敷地内は熱帯性の樹木が茂っている。

グルシャン(ボナニ) Gulshan (Banani) [★★☆]

市街から北に離れたグルシャンはダッカの高級住宅街。20世紀になってから開発が進み、各国大使館、外資系企業などが集まっている。南側のグルシャン1サークルと北側の2サークルのあいだを走るのがグルシャン・アベニューで、通りの両脇にホテルやレストランが軒を連ねる。グルシャン湖東側のバリダラ地区には日本大使館、ボナニ湖西側のボナニ地区には旅行代理店などが位置する。

【MEMO】

Dhaka ダッカ北城市案内

【地図】グルシャンボナニの [★★☆]
- [ ] グルシャン（ボナニ）Gulshan (Banani)

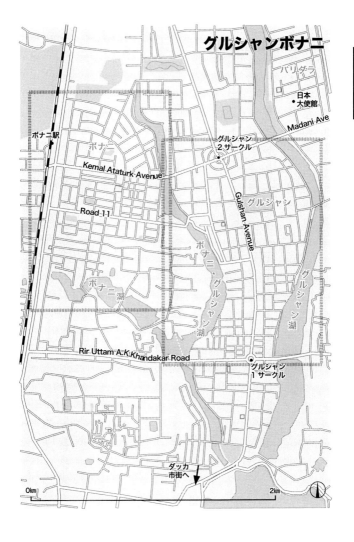

【地図】ボナニ

【地図】ボナニの [★★☆]
- [ ] グルシャン（ボナニ）Gulshan (Banani)

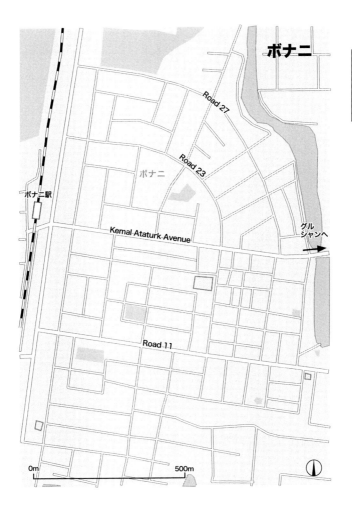

【地図】グルシャン

【地図】グルシャンの [★★☆]
- グルシャン（バナニ）Gulshan (Banani)

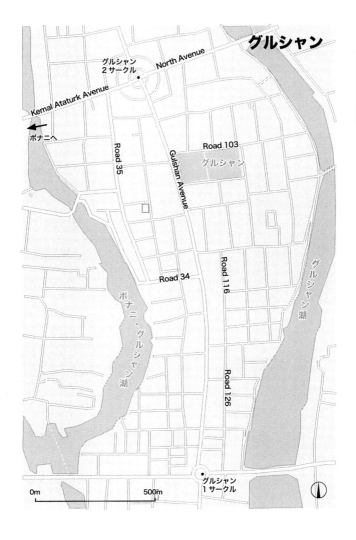

【MEMO】

ASIA
バングラ

Guide, Around Dhaka
郊外城市案内

拡大を続けるダッカ首都圏
ダッカ近郊でメグナ河やポッダ河など
主要河川が交差する

バングラデシュ独立記念慰霊塔
National Monument ［★★☆］

1971年のバングラデシュ独立を記念して建てられた独立記念慰霊塔。高さは50mで、コンクリート製の建造物となっている。独立にあたって多くの人が生命を落とし（1970年には50万人がなくなったと言われる）、その人々が埋葬された場所に立つ。3月26日の独立記念日に政府関係者が参拝に訪れている。また近くの村ダムライはテラコッタなど陶芸で知られる。

ASIA
バングラ

二度の独立を経験

南アジアでは古くから土着の信仰をもとにするヒンドゥー教徒が大多数をしめていた。そこへ中世にイスラム王朝が侵入したことで、ヒンドゥー教とイスラム教が共存するようになった。このような状態が数百年に続き、20世紀になって英領インドから独立するにあたり、イスラム教徒は「インドのイスラム教徒の国(パキスタン)」をかかげて分離独立した。東西パキスタンはインドをまたいで飛び地国家となったが、政治の主導権は西パキスタンにあり、従属的な立場にあまんじていた東パキスタンは、1971年、「ベンガル人の国（バン

Dhaka　郊外城市案内

グラデシュ)」として再独立した。この国の首都ダッカの表記には、イギリス時代から Dacca が使われてきたが、20世紀後半にはよりベンガル語に近い Dakha へ変わっている。

ナラヤンガンジ Narayanganji ［★★☆］

ダッカの南東20kmに位置するナラヤンガンジ。ダッカの外港にあたり、ダッカを中心とした首都圏を構成している。またいくつかの河川が合流し、メグナ河からポッダ河、ベンガル湾へと続く立地から、綿花やジュートなどバングラデシュの主要品を加工する工場などがならぶ。ナラヤンガンジは港

【地図】ダッカ郊外

【地図】ダッカ郊外の [★★☆]
- [ ] バングラデシュ独立記念慰霊塔 National Monument
- [ ] ナラヤンガンジ Narayanganji
- [ ] ショナルガオン Sonargaon
- [ ] グルシャン（ボナニ）Gulshan（Banani）
- [ ] 国会議事堂 National Assembly

【地図】ダッカ郊外の [★☆☆]
- [ ] マワ・ガット Mawa Ghat
- [ ] ミルプール動物園 Mirpur Zoo
- [ ] 植物園 Botanical Gardens

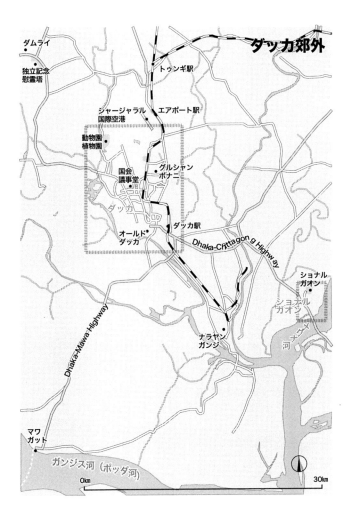

湾都市の性格をもっていて、ここで生産された物資は世界へ向かって輸出されてきた。

マワ・ガット Mawa Ghat ［★☆☆］

マワ・ガットはダッカの南を流れ、メグナ河に合流するポッタ河の船着場。車やトラックを渡すフェリーが南の対岸とのあいだを往来している。

Guide, Sonargaon
ショナルガオン城市案内

ASIA / バングラ

ダッカ東32kmに位置するショナルガオン
「黄金の都」を意味し
ダッカ以前にこの地方の都がおかれていた

ショナルガオン Sonargaon [★★☆]

ムガル帝国時代にダッカに拠点が遷されるまで東ベンガル最大の都市だった古都ショナルガオン。周囲を河川で囲まれた水運の要衝であったショナルガオンは、13世紀以前、このあたりを支配したデーヴァ朝の都として発展していた。やがて中世、イスラム軍の東征を受け、1296年、イスラム勢力の東ベンガルの支配拠点となった（ベンガルにおけるイスラム諸王朝の都は、東のショナルガオン、西のパンドゥアにおかれていた）。14世紀ごろには中国や東南アジアとの交易で栄え、イブン・バットゥータも訪れている。

Dhaka ショナルガオン城市案内

ショナルガオンに拠点をおいた王朝

13世紀以来、デリーの王朝（デリー・サルタナット朝）が南アジアを統治するようになっていたが、ベンガル地方のイスラム勢力は独立状態にあった。1328年に中央のデリーに反旗をひるがえしたショナルガオンの知事ギヤースッディーン・バハドゥル・シャー、1346年以降、東ベンガルを統治したイリアス・シャーヒ朝などショナルガオンは、ベンガル独自の王朝の都となっていた。東ベンガルが北インドの王朝の領域にくみこまれるのは、16世紀、ムガル帝国アクバル帝の征服されて以降のことになる（その後、都はダッカへ遷された）。

【地図】ショナルガオン

【地図】ショナルガオンの [★★☆]
- [ ] ショナルガオン Sonargaon

【地図】ショナルガオンの [★☆☆]
- [ ] ラージバリ Rajbari
- [ ] ゴアルディ・マスジッド Goaldi Masjid
- [ ] パナム・ナガル Panam Nagar

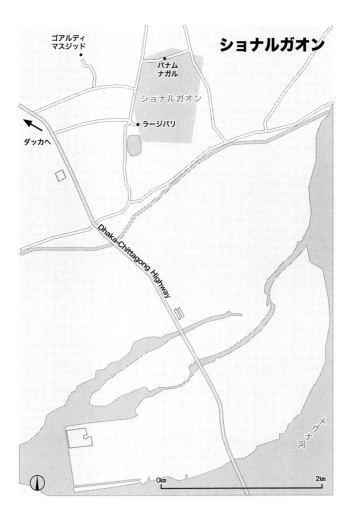

ASIA
バングラ

ラージパリ Rajbari ［★☆☆］

ラージバリは20世紀初頭、このあたりの徴税にあたっていた領主の邸宅跡。民芸博物館に改装されていて、ベンガル地方の民芸品、アクセサリーなどの美術品、日常で使われた調度品などが展示されている。

ゴアルディ・マスジッド Goaldi Masjid ［★☆☆］

1519年に建てられたゴアルディ・マスジッド。レンガを使ったベンガル地方独特の様式で、屋根に単一ドームを載せる（世界遺産のバゲルハットでも同様にレンガが使われている）。

東ベンガルの首都がおかれていた中世の繁栄期にはイスラム教学院があり、多くの学生がショナルガオンに集まっていたという。

パナム・ナガル Panam Nagar ［★☆☆］
20世紀初頭、ヒンドゥー教徒が建てた邸宅が軒を連ねるパナム・ナガル。印パ分離独立で多くのヒンドゥー教徒がインドに移住したため、主を失っており、独特の趣をしている。

城市のうつりかわり

ブリガンガ川の北岸からはじまったダッカの歴史
東ベンガルの中心地として発展を続け
東ベンガルの苦悩と繁栄を体現してきた

ムガル帝国の都（1608〜1717年）

現在のダッカへ直接つながる街が形成されたのは、ムガル帝国時代のこと。中世以来、東ベンガルの首都はダッカ東32kmのショナルガオンにあり、1575年、第3代アクバル帝がこの地を征服したあともその状態は続いていた（初代太守ラジャマン・シンが、1595〜1608年までおさめていた）。1608年、太守イスラム・ハンが河川の堆積で船の遡行が難しくなったことなどを理由にブラマプトラ河の支流ブリガンガ川に面するダッカの地に首都を遷した。第4代ジャハンギール帝の時代だったため、この街はジャハンギールナガルと名づけられ

ASIA
バングラ

ていた。ムガル帝国の都となった 100 年のあいだ、ダッカは最高の繁栄を見せ、東西ベンガル、オリッサ、ビハール地方の首都となっていた。

ムガル帝国の財政を支えるベンガル

16 世紀以来、強力な中央集権体制のもと北インドを統治したムガル帝国。そのムガル帝国の財政を支えたのが、当時、もっとも豊かな州であったベンガル地方で、ここは「インドの穀倉地帯」と言われていた（米やモスリン、海外交易の利で繁栄）。ムガル帝国の都がダッカにあった 1608 〜 1717 年

▲左 ムガル帝国の支配は東ベンガルにもおよんだ。　▲右 鮮やかな色の花が売られている

のあいだでも、第5代シャー・ジャハーン帝の息子のひとりシュジャ（1639年から太守）、ムガルの将軍ミルジャムラ（1660年から太守）の時代がもっとも栄え、美しい都市だったと言われる。

イギリスの進出（1666年〜）

イギリスのダッカへの進出は早く、1666年に東インド会社が商館を開設している（同時期、フーグリ河畔のコルカタでの拠点づくりも進んでいた）。ベンガル地方の綿花、モスリンはイギリスの東方交易の主要品目となり、ダッカから河川

ASIA
バングラ

を通じて各地へ運ばれていた。やがて交易の中心はガンジス河中流域により近いフーグリ水系（コルカタ）に遷ったため、1704年、ムガル帝国の都もダッカからムルシダバードへと遷された（第6代アウラングゼーブ帝治下でベンガル太守はムルシド・クリ・ハン）。やがて1757年のプラッシーの戦い、1764年のバクサルの戦いでムガル帝国、ベンガル太守軍はイギリスに敗れ、1765年にダッカをふくむベンガル一帯の徴税権がイギリスににぎられることになった。

Dhaka 城市のうつりかわり

産業革命とダッカの没落(19世紀)

イギリス支配下のダッカでは、オールド・ダッカの周辺に行政機関やイギリス人が暮らすホワイト・タウンなどがつくられ、住みわけが進んだ。このあいだの18世紀後半、イギリスは世界ではじめて蒸気による産業革命を成功させ、その安価な製品がインド全域で販売された(ベンガル産綿花はイギリスの工場で加工後、逆輸入された)。そのためベンガル地方の綿業は大打撃を受け、餓えなどで生命を落とす者が続出し、ダッカの人口は18世紀なかばの45万人から19世紀末には10万弱へと激減した。

ASIA
バングラ

ベンガル分割時代（1905年〜11年）

1905年、インド総督カーゾンのもと、行政を円滑に進めるという名目で、ヒンドゥー教徒の多い西ベンガルとイスラム教徒の多い東ベンガルが分割されることになった。それまでベンガルの中心はコルカタなどの西ベンガルに遷っていたが（英領インドの首都はコルカタ）、ベンガルが分割されていた1905〜11年のあいだダッカは、東ベンガルとアッサム州の首都となった。カーゾン・ホールが建てられるなど、1905年にはオールド・ダッカ北方の新市街建設が進んだ。

▲左　長い伝統をもつバングラデシュの縫製。　▲右　リキシャに乗って街をまわる

東パキスタンの首都へ（1947〜1971年）

1947年の印パ分離独立で、歴史的にも文化的にも一体だった東西ベンガルのあいだに国境線がひかれることになった（東西パキスタンはインドを隔てて飛び地国家となっていた）。ダッカは東パキスタンの行政の中心地となり、1959年には東パキスタンに国会を開くことが決まった。一方で東西パキスタンの政治、軍事、経済などの中心は西パキスタンにあり、東は西の従属的な立場となっていたことから、ベンガル語の公用語化、自治権拡大など人々の不満は高まりを見せるようになった。

ASIA
バングラ

バングラデシュの首都（1971年～）

1971年、多くの犠牲者を出しながら、独立を勝ちとったバングラデシュ。ダッカはその首都となったが、世界最低水準の国民総生産、サイクロンなどの被害、飢饉などから20世紀後半のこの国は貧困の象徴と見られることがあった。21世紀を迎えるなかで、この国の豊富な人口とその労働力が注目されるようになっている。また20世紀後半から進められてきたマイクロ・ファイナンス（小規模融資で商売を行なわせ貧困層を自立させる）などの浸透で少しずつ貧困問題は改善され、この国の経済成長とともにダッカも郊外へ急拡大している。

Dhaka 城市のうつりかわり

参考文献

『南アジアの国土と経済バングラデシュ』（B.L.C. ジョンソン / 二宮書店）

『バングラデシュ―インド亜大陸の夜明』（桐生稔 / 時事通信社）

『バングラデシュの歴史』（堀口松城 / 明石書店）

『インド建築案内』（神谷武夫 /TOTO 出版）

『南アジア現代史』（加賀谷寛・浜口恒夫 / 山川出版社）

『沸騰都市』（NHK スペシャル取材班 / 幻冬舎）

『バングラデシュガイドブック』（マックスドゥル・アラム / 日本バングラデシュ文化経済振興センター）

『遡河』（遡河編集部）

『世界大百科事典』（平凡社）

まちごとパブリッシングの旅行ガイド

Machigoto INDIA , Machigoto ASIA , Machigoto CHINA

【北インド - まちごとインド】

001 はじめての北インド
002 はじめてのデリー
003 オールド・デリー
004 ニュー・デリー
005 南デリー
012 アーグラ
013 ファテープル・シークリー
014 バラナシ
015 サールナート
022 カージュラホ
032 アムリトサル

【西インド - まちごとインド】

001 はじめてのラジャスタン
002 ジャイプル
003 ジョードプル
004 ジャイサルメール
005 ウダイプル
006 アジメール(プシュカル)
007 ビカネール
008 シェカワティ
011 はじめてのマハラシュトラ
012 ムンバイ
013 プネー
014 アウランガバード
015 エローラ
016 アジャンタ
021 はじめてのグジャラート
022 アーメダバード
023 ヴァドダラー(チャンパネール)

024 ブジ(カッチ地方)

【東インド - まちごとインド】

002 コルカタ
012 ブッダガヤ

【南インド - まちごとインド】

001 はじめてのタミルナードゥ
002 チェンナイ
003 カーンチプラム
004 マハーバリプラム
005 タンジャヴール
006 クンバコナムとカーヴェリー・デルタ
007 ティルチラパッリ
008 マドゥライ
009 ラーメシュワラム
010 カニャークマリ
021 はじめてのケーララ
022 ティルヴァナンタプラム
023 バックウォーター(コッラム〜アラップーザ)
024 コーチ(コーチン)
025 トリシュール

【ネパール - まちごとアジア】

001 はじめてのカトマンズ
002 カトマンズ
003 スワヤンブナート

004 パタン
005 バクタプル
006 ポカラ
007 ルンビニ
008 チトワン国立公園

【バングラデシュ - まちごとアジア】

001 はじめてのバングラデシュ
002 ダッカ
003 バゲルハット（クルナ）
004 シュンドルボン
005 プティア
006 モハスタン（ボグラ）
007 パハルプール

【パキスタン - まちごとアジア】

002 フンザ
003 ギルギット（KKH）
004 ラホール
005 ハラッパ
006 ムルタン

【イラン - まちごとアジア】

001 はじめてのイラン
002 テヘラン
003 イスファハン
004 シーラーズ
005 ペルセポリス
006 パサルガダエ（ナグシェ・ロスタム）
007 ヤズド
008 チョガ・ザンビル（アフヴァーズ）
009 タブリーズ

010 アルダビール

【北京 - まちごとチャイナ】

001 はじめての北京
002 故宮（天安門広場）
003 胡同と旧皇城
004 天壇と旧崇文区
005 瑠璃廠と旧宣武区
006 王府井と市街東部
007 北京動物園と市街西部
008 頤和園と西山
009 盧溝橋と周口店
010 万里の長城と明十三陵

【天津 - まちごとチャイナ】

001 はじめての天津
002 天津市街
003 浜海新区と市街南部
004 薊県と清東陵

【上海 - まちごとチャイナ】

001 はじめての上海
002 浦東新区
003 外灘と南京東路
004 淮海路と市街西部
005 虹口と市街北部
006 上海郊外（龍華・七宝・松江・嘉定）
007 水郷地帯（朱家角・周荘・同里・甪直）

【河北省 - まちごとチャイナ】

001 はじめての河北省
002 石家荘
003 秦皇島
004 承徳
005 張家口
006 保定
007 邯鄲

【江蘇省 - まちごとチャイナ】

001 はじめての江蘇省
002 はじめての蘇州
003 蘇州旧城
004 蘇州郊外と開発区
005 無錫
006 揚州
007 鎮江
008 はじめての南京
009 南京旧城
010 南京紫金山と下関
011 雨花台と南京郊外・開発区
012 徐州

【浙江省 - まちごとチャイナ】

001 はじめての浙江省
002 はじめての杭州
003 西湖と山林杭州
004 杭州旧城と開発区
005 紹興
006 はじめての寧波
007 寧波旧城
008 寧波郊外と開発区
009 普陀山
010 天台山
011 温州

【福建省 - まちごとチャイナ】

001 はじめての福建省
002 はじめての福州
003 福州旧城
004 福州郊外と開発区
005 武夷山
006 泉州
007 厦門
008 客家土楼

【広東省 - まちごとチャイナ】

001 はじめての広東省
002 はじめての広州
003 広州古城
004 天河と広州郊外
005 深圳（深セン）
006 東莞
007 開平（江門）
008 韶関
009 はじめての潮汕
010 潮州
011 汕頭

【遼寧省 - まちごとチャイナ】

001 はじめての遼寧省
002 はじめての大連
003 大連市街
004 旅順
005 金州新区

006 はじめての瀋陽
007 瀋陽故宮と旧市街
008 瀋陽駅と市街地
009 北陵と瀋陽郊外
010 撫順

【重慶 - まちごとチャイナ】

001 はじめての重慶
002 重慶市街
003 三峡下り（重慶〜宜昌）
004 大足

【香港 - まちごとチャイナ】

001 はじめての香港
002 中環と香港島北岸
003 上環と香港島南岸
004 尖沙咀と九龍市街
005 九龍城と九龍郊外
006 新界
007 ランタオ島と島嶼部

【マカオ - まちごとチャイナ】

001 はじめてのマカオ
002 セナド広場とマカオ中心部
003 媽閣廟とマカオ半島南部
004 東望洋山とマカオ半島北部
005 新口岸とタイパ・コロアン

【Juo-Mujin（電子書籍のみ）】

Juo-Mujin 香港縦横無尽
Juo-Mujin 北京縦横無尽
Juo-Mujin 上海縦横無尽

【自力旅游中国 Tabisuru CHINA】

001 バスに揺られて「自力で長城」
002 バスに揺られて「自力で石家荘」
003 バスに揺られて「自力で承徳」
004 船に揺られて「自力で普陀山」
005 バスに揺られて「自力で天台山」
006 バスに揺られて「自力で秦皇島」
007 バスに揺られて「自力で張家口」
008 バスに揺られて「自力で邯鄲」
009 バスに揺られて「自力で保定」
010 バスに揺られて「自力で清東陵」
011 バスに揺られて「自力で潮州」
012 バスに揺られて「自力で汕頭」
013 バスに揺られて「自力で温州」

【車輪はつばさ】
南インドのアイラヴァテシュワラ寺院には建築本体に車輪がついていて寺院に乗った神さまが人びとの想いを運ぶと言います。

- 本書はオンデマンド印刷で作成されています。
- 本書の内容に関するご意見、お問い合わせは、発行元の
まちごとパブリッシング info@machigotopub.com までお願いします。

まちごとアジア
バングラデシュ002ダッカ
〜あふれ出す「人とリキシャ」[モノクロノートブック版]

2017年11月14日　発行

著　者	「アジア城市（まち）案内」制作委員会
発行者	赤松　耕次
発行所	まちごとパブリッシング株式会社 〒181-0013　東京都三鷹市下連雀4-4-36 URL http://www.machigotopub.com/
発売元	株式会社デジタルパブリッシングサービス 〒162-0812　東京都新宿区西五軒町11-13 清水ビル3F
印刷・製本	株式会社デジタルパブリッシングサービス URL http://www.d-pub.co.jp/

MP066

ISBN978-4-86143-200-2 C0326　　　Printed in Japan
本書の無断複製複写（コピー）は、著作権法上での例外を除き、禁じられています。